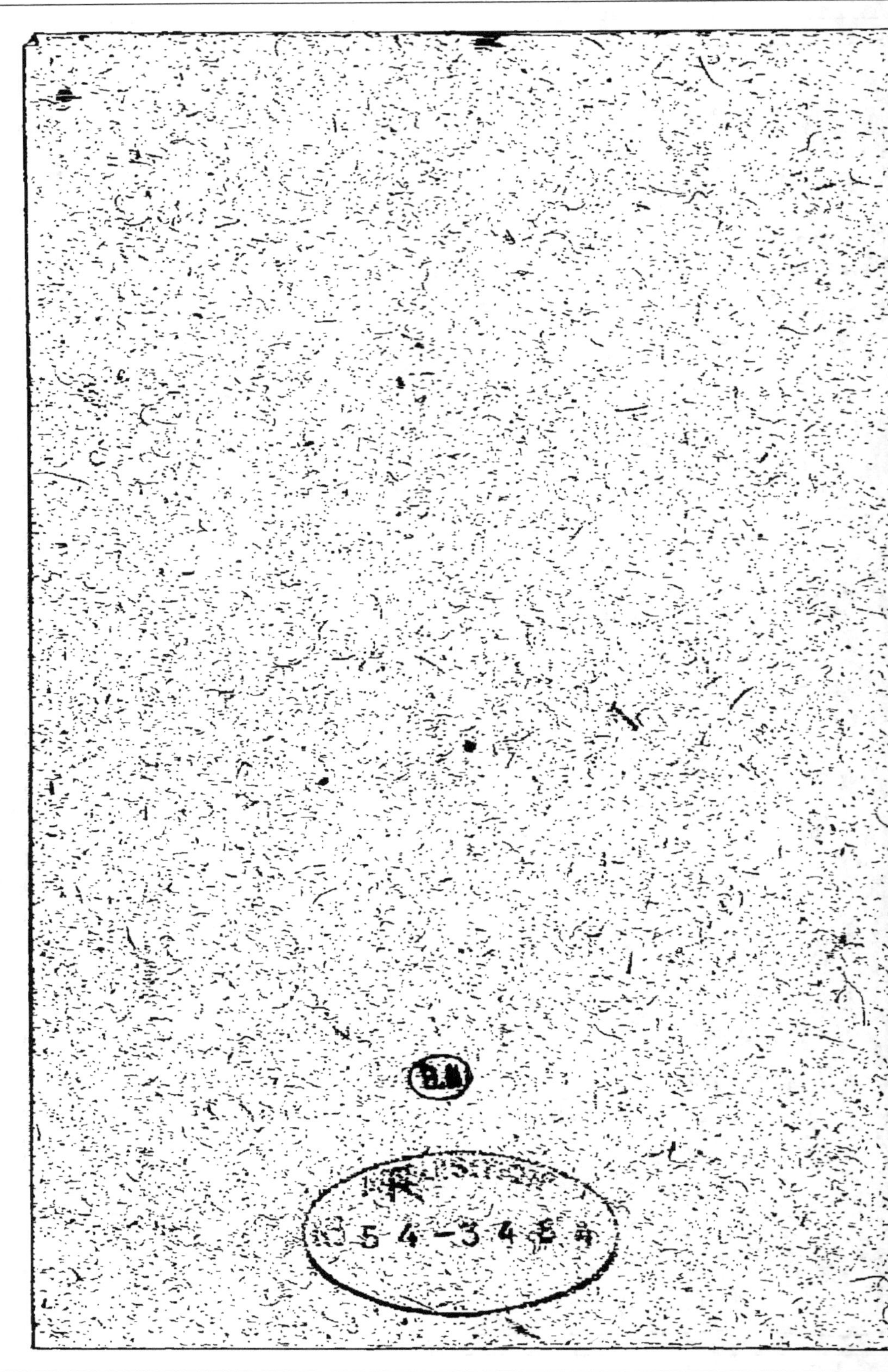

DIN, RECVEIL,

TRÉSOR, ABREGÉ, DE
secrets, ieux, faceties, gaus-
series, passetemps, compo-
sez, fabricquez experimen-
tez, & mis en lumiere par
vostre Seruiteur TABARIN
de Val Busleque, à plaisirs
& contentement des es-
prits, curieux.

A SENS,
chez GEORGE NIVERD, Im-
primeur & Libraire, en la
grand rue, prez S. Estienne.
M.DC.XIX.

Toute da Copie Imprimée.

AV LECTEVR, SALVT
ET BON-TEMPS.

TOVS les Philosophes, tant Pe
papetechien, que Stogniques o
creu que la felicité humaine co
sistoit en ces deux mots, *Bene viuere*,
lætari, concluant que cent ans de mela
colie ne paieront iamais pour vn liard
debres. C'est la cause pourquoy ie vous
voulu mettre ensemble, ce petit abbre
de mes plus iolies subtilités, pour vo
en faire present, comme d'vn moy
pour vous entretenir ioyeux, ayez don
ques ce mien labeur agreable, que si vo
le regardez de bon œil comme i'espe
Ie vous promets de tacher toute ma
de vous seruir, honorer, obeir, & despe
dre tout a faict de vos commandeme
comme celuy qui souhaitte d'estre,

Vostre seruiteur, TABARIN

PRENEZ euforbe, pirerre,
& ellebore blanc de chascun esgalle portiõ, reduiés le tout en poudre bien
subtile, & d'icelle, auecque vn tuyeau de plume soufflerés par la
chambre, ou il y aura du monde, &
vous verrés l'experience.

Pour faire grater

Prenez alun de plume, & le bien
puluerisez, & en metterés dans les
linceulx, ou sur le priué, ou dans le
col de quelqu'vn, ou autrement en
sorte que ladite poudre touche la

chair, & vous verrés l'effect.

Pour faire peter.

Prenez fleurs de chastaignes, &
les feichez au four tant qu'on les
puiſſe reduire en poudre, & d'icelles metterés dans le potage, ou autre liqueur de qui voudrés auoir le
plaiſir.

Pour faire que la viande portée ſur table
ſemblera pleine de vers.

Prenez vne corde de luth, cou-
pée en petites pieces, & icelles petites pieces, metterés ſur la viande
encor'chaude, & la chaleur les fera mouuoir & ſautteler comme ſi
c'eſt des vers.

Pour empeſcher vn pot de bouillir.

Ayez vne piece de plomb large
enuiron comme la main, & eſpoiſſe
d'vn trauers de doigt, & la gettez

u fond du pot, & infaliblement
empefchera de boullir.

Pour empefcher a qui vous voudrez d'a-
naller le morceau eftant a table.

Prenez d'vne herbe appellée A-
ron, ou autrement Iarus, laquelle eft affés commune, & croift le
long des hayes, & és lieux ombra-
geux, d'icelle metterés dans vne
falade, & tafcherés que celuy, de
qui vous voudres auoir le plaifir en
mange, & fitoft ne pourra aualer
le morceau, & demeurera long
temps en cefte peine fi vous ne luy
faictes gargarifer vn peu de vinai-
gre fort, lequel fe fortira a l'inftant
fe peine.

Pour faire courir vn œuf par la chambre,
fans que perfonne le touche.

Videz vn œuf, en luy faifant deux

petits trous a chaque bout, &
soufflant dehors la matiere, & appres prenez vn excaruage (c'eſt vi
de ces petits animaux, qui ſont or
dinairemét ſur la fiente de cheua
& eſlargiſant vn des pertuis le fe
rés entrer dans ledit œuf, puis vou
boucherez l'vn & l'autre trou, a
uecque vn peu de cire blãche plu
proprement que pouréz, apres d
nuict le metterés dans la chambr
& en luy approchant vne chandel
le l'animal ſe remuant fera qu
l'œuf vous ſuiura partout.

Pour tuer & plumer vn oyſeau
tout d'vn coup.

Chargez voſtre arquebuſe deli
maille d'acier au lieu de dragée, &
tirez à l'oiſeau, & vous enuerré

effect, notez que ladite limaille
ne porte pas si loing que la dragée.

Pour faire pendre vne bouteille de verre au
plancher, & la rompre le vin & demeu-
rera, encores que les pieces de la
bouteille tombe.

Prenez vne bouteille de verre af-
fez grande, & laquelle aye le col
arge, puis, vous prēdrés vne vecie
de porc, ou d'autre animal, laquelle vous meterés dans ladite bouteille faisant en forte que le col en
demeure dehors, puis vous l'em-
plirez de vin clairet & la pendrés
au plancher, puis d'vn baston frap-
perés la bouteille, laquelle tom-
bera en pieces, & neant-moins le
vin contenu dans la vecie femble-
ra demeurer en l'air, le jeu en eft

fort plaisant.

Pour escrire une missiue sur les espaulles,
autres parties du corps, d'un messager,
& les lettres ne paroistrent, & que
quant celuy, à qui vous escriuez,
les voudra lire.

Escriuez auecque vne plume,
de l'vrine, ce que vous desirez s[ur]
les espaules, mains ou autres pa[r]
tie du corps, & appres faites se[cher]
cher les lettres, & elles ne se vero[nt]
poinct, les voulant lire brulez [le]
papier & dece qui en demeure a[près]
prest estre bruslé, frorez le lieu [où]
vous aurez escript, & les lettr[es]
paroistront incontinent, c'est v[n]
secret admirable.

Secret admirable pour coupper vne pomme
quatre, huict ou plusieurs pieces sans
entamer la peau.

Prenez vne esguille en filée de fil
& commences à circuir la pomme
par desoubs la peau remettant tou-
siours l'esguille par le mesme trou
d'ou vous la tirerés, & l'ayant ainsi
circuit d'vn costé tirez le filet en
double, & vous la partirés par le
milieu, puis recommençant à en
faire de mesme d'vn autre costé &
par le mesme moyen la partirés en
tant de pieces, que vous voudrez,
appres presentez ladite pomme à
quelcun, lequel l'ayant pelée non-
obstant que la peau soit entiere il
trouuera le dedans coupé.

Pour couper vn fil en plusieurs pieces &
le faire reuenir entier.

Prenez deux esguillees de fil bien
deslié, esgallement longues, vne

des quelles vous scacheres entre vos
doigts, & l'autre ferez coupper en
tant de morceaux qu'il vous plaira,
& feignant de prendre quelque
poudre dans voftre pochette laires
tomber la couppee, & monftreres
l'entiere.

Pour faire tenir vn œuf au bout des doigts, &
le faire tourner à l'entour de la main.

Fault faire deux troux au milieu
de l'œuf, & par iceux fuffant, ou
par autre moyen le vider du tout,
& apres faire paffer par les dicts
trous vn poil blanc de cheual & le
noüer en forte, que le doigt paffé
& par ce moyen vous ferez le ieu.

Pour faire, que celuy ou celle, que vous
voudrez s'efuy uant la face à vne fer-
niet fe deuienne noire.

Prenez noix de galles, & vitriol
e chascun esgalle portiõ & les re-
duises en pourdre bien subtille, de
aquelle vous poudroires vne ser-
uette ; la quelle demeurera aussi
blanche comme auparauant, &
neãtmoings qui si essulera demeu-
era aussi noir, qu'vn more c'est vn
ecret fort plaisant.

Pour chasser les taupes d'vn iardin,
prez ou autre lieu.

Prenez du chanure, alos qu'il
est en fleur, & enterreres des poin-
tes enuiron vn pied soubs terre,
esloignées l'vne de l'autre enuiron dix pas, & vous verrés que cest
vn excellent secret.

Pour faire vne bague, laquelle saultera
sans que personne la touche.

Faictes faire vne bague de cui-
ure, fer, & ou autres mettil creuse
& la remplisez d'argent vif, & appres vous souldrez bien l'ouuertu-
re, quand vous voudrez en auoir
le plaisir faictes la chaufer, & appres la mettrez au milieu de la
chambre, & elle sautelera, ou bien
la gettez dans vn four chaud, &
vous verrez le plaisir.

FIN